VENTE

Des Jeudi 4 et Vendredi 5 Juin 1891

A DEUX HEURES

HOTEL DROUOT — SALLE N° 2

MOBILIER ARTISTIQUE

Des XVI°, XVII° et XVIII° Siècles

PORCELAINES DE CHINE, FAÏENCES DE RHODES

SCULPTURES, BRONZES D'AMEUBLEMENT

TAPISSERIES ET ÉTOFFES ANCIENNES

TABLEAUX, LIVRES

Dépendant de la Succession de M. R.

EXPOSITION PUBLIQUE

Le Mercredi 3 Juin 1891, de 1 heure 1/2 à 5 heures 1/2

COMMISSAIRE-PRISEUR	EXPERT
M° Henri OUDARD	M. B. LASQUIN
Rue des Pyramides, 18	Rue Laffitte, 12

PARIS — 1891

IMPRIMERIE MAULDE et RENOU

———

A. MAULDE & Cie

IMPRIMEURS DE LA COMPAGNIE DES COMMISSAIRES-PRISEURS

Rue de Rivoli, 144. — Paris

CATALOGUE

D'UN

MOBILIER ARTISTIQUE

ANCIEN ET DE STYLE

XVIᵉ, XVIIᵉ et XVIIIᵉ Siècles

BELLE CHEMINÉE EN NOYER SCULPTÉ

Grand Buffet Louis XIV, Crédences, Bahuts, Sièges Henri II et Louis XIII

BEAUX BRONZES D'AMEUBLEMENT

Meubles ornés de bronze, Commodes et Pendule Louis XIV
Girandoles Louis XIV, en argent

PORCELAINES DE LA CHINE ET DU JAPON

FAIENCES DE RHODES

Sculptures sur bois, beau Dessus de porte Louis XVI, Cadres, Panneaux

TAPISSERIES DU XVIIᵉ SIÈCLE

RIDEAUX ET TENTURES EN ÉTOFFES ANCIENNES

Quelques Tableaux, Dessins et Gravures

LIVRES SUR LES BEAUX-ARTS ET LA LITTÉRATURE

Dont la Vente aura lieu par suite du décès de M. R.

HOTEL DROUOT — SALLE Nᵒ 2

Les Jeudi 4 et Vendredi 5 Juin 1891, à deux heures

Par le ministère de **Mᵉ Henri OUDARD**, Commissaire-Priseur
Rue des Pyramides, 18

Assisté de **M. B. LASQUIN**, Expert, rue Laffitte, 12

CHEZ LESQUELS SE TROUVE LE PRÉSENT CATALOGUE

EXPOSITION PUBLIQUE

Le Mercredi 3 Juin 1891, de 1 heure 1/2 à 5 heures 1/2

CONDITIONS DE LA VENTE

—

Elle sera faite au comptant.

Les Acquéreurs paieront CINQ POUR CENT en sus du prix d'adjudication.

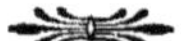

A. MAULDE et Cie, imprimeurs de la Compagnie des Commissaires-Priseurs, rue de Rivoli, 144. 600—15216

DÉSIGNATION

—⁙—

Argenterie ancienne
et moderne

—

1 — Deux petites Girandoles à deux lumières du temps
de Louis XIV, en argent ciselé ; la tige balustre reliée
à la base par un nœud à petits godrons et un lambrequin supporte le binet en forme de vase octogo-
nal.

2 — Diverses pièces en plaqué : Plats. Soupière.
Verrières, Saucières, etc.

Porcelaines de la Chine
et du Japon

3 — Beau Vase forme dite rouleau en ancienne porcelaine de Chine, à riche décor en émaux de couleurs, offrant deux sujets de figures, cavaliers et
amazones, et quatre médaillons ronds à fleurs et
inscriptions, réservés sur un fond d'arabesques d'or
agrémenté de chrysanthèmes.

4 — Potiche à huit pans en ancienne porcelaine du
Japon, à décor bleu, rouge, vert et or, à comparti-
ments de chrysanthèmes avec animaux et oiseaux;
un lambrequin couvre la partie supérieure du vase.

5 — Lampe formée d'un vase bouteille en ancienne
porcelaine de Chine flambée et marbrée violet, avec
monture en bronze.

6 — Autre grand Plat en ancienne porcelaine du Japon,
décor en bleu, rouge et or, à armoiries au centre et
fleurs arabesques au bord, dans lesquelles sont
réservés quatre médaillons ronds.

7 — Joli petit Plat en ancienne porcelaine de Chine, décoré en émaux de couleurs de la famille verte, d'un rocher fleuri et d'un Fong-Hoang.

8 — Petit Plat rond en ancienne porcelaine de Chine décorée d'un rocher fleuri au centre et d'une bordure avec cinq petites réserves en émaux de la famille verte.

Faïences de Rhodes et autres

9 — Jolie Bouteille en faïence de Rhodes, décorée en couleurs rouge, bleu et vert, larges palmes sur la panse, col à nœud et décoré de sept zones d'ornements variés.

10 — Beau Plat en faïence de Rhodes à décor d'œillets en émaux de couleur rouge, vert et bleu. Cadre en bois sculpté.

11 — Plat rond en faïence de Rhodes, joli décor de cinq branches de fleurs en vert, rouge et bleu.

12 — Plat rond en faïence de Rhodes, à décor bleu à rosace au centre.

2.

13 — Plat rond en faïence de Rhodes, décor de fleurs arabesques au centre et au bord, séparés par une zone de fleurette.

14 — Plat rond en faïence hispano-mauresque, à reflets mordorés, décor de godrons simulés en spirale.

15 — Coupe de forme conique en faïence hispano-mauresque, reflets mordorés.

Bronzes d'Ameublement

16 — Deux très belles Girandoles de style Louis XVI, en bronze ciselé et doré, à trois branches porte-lumières reliés par des festons de fleurs, appliqués sur des pilastres terminés à leur base par des griffes de lion. A leur partie supérieure cassolettes entourées de draperies et surmontées de flammes. Modèle de DELAFOSSE.

17 — Joli Flambeau du temps de Louis XVI, en bronze ciselé et doré à tige ornée de quatre raies de cœurs, binet à rosaces et base feuillagée et cannelée.

18 — Deux Flambeaux de même modèle que le précédent, en bronze ciselé et doré, d'une exécution parfaite.

19 — Flambeau de bouillotte du temps de Louis XVI,
en bronze argenté, à deux lumières sur fût cannelé.

20 — Deux jolis Bras-Appliques à une lumière du
temps de la Régence, en bronze ciselé et argenté, le
bras de forme contournée est rattaché à un vase appliqué par un motif de feuillage. Ces deux pièces
ont été appliquées sur des encadrements en bois
sculpté et doré épousant les contours et le décor des
bronzes.

21 — Deux Bras-Appliques à deux lumières, en bronze
finement ciselé et doré d'un beau modèle Louis XVI,
les tiges sont formées chacune d'une gaine surmontée d'un buste d'enfant tenant les deux branches
porte-lumières.

22 — Deux Girandoles à trois lumières, de style
Louis XV, en bronze argenté, composées d'ornements rocaille avec parties gravées.

23 — Deux petits Chenets Louis XIV, en bronze doré,
lions couchés, sur des socles à quatre pieds volutes
et ornés d'un écusson au centre.

24 — Deux petites Appliques Louis XVI, à deux lumières dont la tige à feuilles d'eau et guirlandes est
surmontée d'une flamme. Bronze ciselé et doré.

25 — Deux Flambeaux d'un beau modèle Louis XIV, en
bronze à tige gravée et ornée de quatre petits
bustes.

26 — Deux Girandoles Louis XVI à deux lumières en bronze argenté, tige et base à cannelures.

27 — Écritoire style Louis XIV, composé d'un plateau oblong à contours sur lequel sont fixés trois godets en bronze argenté.

28 — Petit Lustre hollandais à douze lumières, en cuivre poli.

Cuivres, Étains, Fers

29 — Vase ovoïde à piédouche et couvercle en cuivre rouge repoussé et argenté, offrant sur trois zones des feuillages, des oiseaux et des rinceaux. XVIIe siècle.

30 — Grand Broc ancien en cuivre rouge repoussé, à godrons.

31 — Petit Vase oriental, à panse sphérique, en cuivre gravé.

32 — Grande Canette en étain, à une anse et large bec, avec couvercle surmonté d'un lion héraldique debout et appuyé sur un écusson. Inscription gravée et date 1769.

33 — Landiers en fer forgé, terminés par un bouquet
de feuillages ajourés, style Renaissance, avec grandes
Pelle et Pincette de même style, dont les manches
se terminent par des bustes d'homme et de femme.

Sculptures en bois et Cadres

34 — Très beau Bas-Relief, de forme rectangulaire,
provenant d'un dessus de porte du temps de
Louis XVI, en bois de chêne finement sculpté,
offrant un encadrement à raies de cœurs et feuilles
auquel sont appendus une guirlande de lauriers et
un médaillon rond acosté de deux lévriers assis,
sculptés en bas-relief. Ce médaillon, autrefois des-
tiné à une peinture, contient une glace. Il repose
sur un support-applique de même style, orné de festons de lauriers.

35 — Baromètre-Thermomètre, de style Louis XVI, en
bois finement sculpté et doré: le baromètre, de forme
circulaire, entouré d'oves et de rangs de perles, est
terminé par un cul-de-lampe feuillage, et est relié
au thermomètre, de forme droite, par deux volutes
et un motif d'ornement: le couronnement est composé d'un petit fronton cintré contenant un écusson.

36 — Petit Panneau du temps de Louis XVI, en bois
sculpté, représentant les attributs de l'Amour : un
arc, un carquois et un bouquet de fleurs. suspen-
dus par un ruban au dessous d'une fleur de lys.

37 — Panneau de la Renaissance. en bois sculpté; au
centre, deux amours soutiennent un écusson entre
deux motifs de rinceaux.

38 — Quatre petits Panneaux gothiques à ogives.

39 — Deux autres Panneaux, de style Renaissance, à
médaillons-bustes.

40 — Deux petits Panneaux de meubles en bois sculpté,
l'un offrant deux animaux héraldiques, l'autre une
frise de rinceaux.

41 — Baromètre dans un cadre du temps de Louis XIV,
en bois sculpté, à coins et écussons saillants et branches de fleurettes.

42 — Cadre rectangulaire en bois sculpté et doré
Louis XIII. avec gravure en couleur : Henri IV à
l'Assemblée des Notables.

43 — Glace dans un cadre du temps de Louis XIII, en
bois sculpté. à feuillages et graines sous son ancienne dorure.

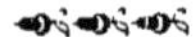

Meubles ornés de bronzes

—

44 — Belle Commode Louis XIV. à quatre rangs de
tiroirs, en bois de placage, garnie d'encadrements,
de chutes de poignées et d'entrées de serrures en
bronze. Dessus de marbre brèche à contours.

45 — Petite Pendule Louis XIV. en marqueterie de cuivre et d'écaille, ornée de bronzes; coquille au centre
et pieds à feuillages enroulés avec mascarons de pro-
fil : elle est surmontée d'un petit fronton sur lequel
est assis un enfant.

46 — Commode Régence. de forme contournée, en placage de palissandre, ornée de bronzes.

47 — Bureau Louis XV, ouvrant à abattant. en placage
de bois de violette, les pieds contournés garnis de
sabots en bronze.

48 — Miroir Louis XIII. avec cadre, entouré de glace
et garni d'ornements en cuivre estampé et doré.

Cheminées en bois sculpté

———

49 — Très belle Cheminée de style Renaissance, en bois
de noyer sculpté, le corps inférieur à colonnes cannelées à mi-partie et branches de feuilles de lauriers,
supportant un bandeau à motif d'enroulements entre
deux branches de lauriers ; le corps supérieur à fronton brisé, sert d'encadrement à un portrait d'homme
du xvie siècle, représenté en buste et revêtu d'une
armure damasquinée.

5o — Cheminée en noyer sculpté, dont les montants
sont formés par des cariatides garnies, couronnées
de fleurs, bandeau en broderie au point de Hongrie.

Meubles en bois sculpté

51 — Grand et beau Buffet à deux corps, du temps de
Louis XIV, en bois de chêne sculpté; le bas a deux
portes pleines, le haut vitré et à fronton cintré, décoré d'un motif avec coquille au centre et d'un mas-
caron, tête de femme; les angles coupés et rentrants
sont également ornés de motifs dans le goût de
Bérain.

52 — Meuble Crédence, en partie ancien et en partie de
style Henri II, en bois de chêne sculpté et surmonté
de plaquettes de marbre. Le haut ouvre à deux portes ornées de mascarons têtes d'enfants, dans un
motif d'ornements; la partie inférieure, à fond plein
et à quatre colonnettes, sur le devant repose sur un
soubassement à moulures. La ceinture renferme
trois tiroirs.

53 — Bahut du xvi⁰ siècle, en bois sculpté, d'une riche
ornementation à moulures ornées et godronnées,
avec sujet de deux figures dans un encadrement
accosté de deux amours montés sur des sphinx,
cariatides aux angles et ornements sur les côtés.

54 — Étagère Flamande, en chêne sculpté, servant de
porte-manteau.

55 — Meuble Louis XIII, ouvrant à quatre portes et
deux tiroirs en bois de noyer mouluré et taillé, à
panneaux saillants.

56 — Meuble Louis XIII, à deux corps et à fronton, en
bois de noyer mouluré, avec pilastres cannelés.

57 — Coffre Louis XIII, en bois sculpté.

58 — Beau Meuble à deux corps, de travail français,
plaqué de bois d'ébène et entièrement couvert d'in-
crustations de nacre gravée et de cuivre, offrant des
mascarons, des trophées, des oiseaux et des fleurs au
milieu, de rinceaux et d'enroulements.

59 — Meuble à deux corps, de style Henri II, en bois
de noyer finement sculpté, en bas-relief et incrusté
de plaques de marbre vert, orné aux angles de colonnettes cannelées ; les portes du bas offrent des cygnes
dans des médaillons ovales ; celles du haut, des
figures mythologiques : Diane, Actéon, des Chimères
et des Ornements.

60 — Bibliothèque à deux corps, ouverts, en bois de
chêne, celui du bas orné de deux montants anciens
à cariatides, mufles de lions et feuillages, celui du
haut à pilastres surmontés d'un entablement orné de
deux cartouches sculptés.

61 — Belle Table de style Henri II, en bois de noyer à
piètement formé de colonnettes et balustres reliées
par une entretoise sculptée avec ceinture à godrons
et moulures.

62 — Petite Banquette-Coffre, ornée de quatre médaillons bustes en bois sculpté, du xvie siècle.

63 — Table de style Henri II, en bois de noyer, à quatre pieds colonnettes cannelées reliées par une entretoise.

64 — Petite Table-Support, en bois de fer, avec galerie découpée, tablette d'entre-jambe et dessus de marbre. Travail chinois.

65 — Paravent-Écran à monture en noyer sculpté, genre Renaissance, avec feuille en tapisserie ancienne, représentant une figure d'amour au milieu d'arceaux de fleurs et de fruits.

66 — Écran de style Louis XIV, en bois sculpté et ajouré, avec feuille en riche brocart encadré d'un galon d'or.

67 — Table en bois sculpté de style flamand, à six pieds balustres à angles coupés, recouverte d'un tapis de velours vert.

68 — Petite Armoire porteclefs, en bois sculpté de style gothique.

69 — Deux Meubles-Étagères en chêne mouluré.

Sièges en bois sculpté

—

70 — Petit Canapé Louis XVI, à dossier carré en bois
sculpté à rubans et pieds cannelés recouvert de
damas rouge ancien et accompagné de deux coussins
également en damas rouge.

71 — Beau Fauteuil du temps de Louis XIV, en bois
sculpté à coquilles et quadrillages; les pieds reliés
par un croisillon ; le dossier à oreilles, garni en
ancien damas rouge.

72 — Beau Fauteuil de style Louis XIII, en bois de
noyer sculpté, les pieds reliés entre eux par des
entretoises et sur le devant par une frise de rinceaux
sculptée; les bras terminés en volutes reposent sur
des petits balustres, le dossier carré orné haut et bas
d'une galerie de petits balustres, les montants terminés par des mascarons barbus. Garniture de
tapisserie ancienne, à figures et feuillages.

73 — Beau Lit de repos, avec dossier garni et accotoir
sculpté, de style Renaissance, en bois de noyer
sculpté, le pourtour offrant des motifs de rinceaux
avec mascarons mufles de lions, séparés par des
petites colonnettes. Garniture en peluche vieux vert,
avec bande de tapisserie ancienne à fleurs et ornements.

74 — Tabouret muni de deux accotoirs, de style Renaissance, en bois sculpté à pieds volutes et balustres feuillagés, les accotoirs supportés par des dauphins renversés. Dessus en tapisserie.

75 — Petit Tabouret de style Louis XIII, à quatre pieds balustres, reliés par des entretoises en bois de noyer. Dessus en tapisserie ancienne.

76 — Deux Fauteuils Louis XIII, en noyer sculpté, bras à volutes, pieds tournés à entrejambes, garniture en peluche rouge frangée de vert.

77 — Deux Fauteuils de style Renaissance, à dossier carré en bois sculpté, à rinceaux de feuillages, les bras terminés par des têtes de lions. Garniture en ancienne tapisserie flamande.

78 — Deux jolis Fauteuils de style Renaissance, en bois de noyer sculpté, à bras terminés par des têtes de béliers, montants des dossiers à volutes feuillagés terminés par des mascarons. Garniture en velours rouge

79 — Deux Fauteuils style Louis XIII, en noyer sculpté et à torsades, les bras reposant sur des figurines de femmes debout. Garniture en velours à ornements en rouge sur fond jaune.

80 — Deux Chaises de style Louis XIII, en bois sculpté, garnies de cuir, le dossier orné d'une galerie de balustres.

81 — Chaises de style Louis XIII, en noyer mouluré,
piètement à volutes et entrejambes. Garniture en
ancienne tapisserie au point.

Tapisseries et Étoffes
anciennes

82 — Tenture en ancienne tapisserie flamande, en partie tissée de soie, représentant des paysages avec
grands arbres, cours d'eau, châteaux, oiseaux aqua-
tiques et autres. Elle est composée de trois panneaux
divisés en plusieurs parties.

83 — Deux beaux Rideaux formés d'une tapisserie
d'Aubusson, en partie tissée de soie, à paysage,
oiseaux, constructions, cours d'eau et petites figures,
avec un encadrement de fleurs.

84 — Lit à baldaquin tendu de tapisserie au point de
l'époque et de style Louis XIII, à ornements coquilles et vases de fleurs, avec doubles rideaux en
soie cerise. Cette tenture est composée de la garniture du baldaquin, six montants et du tour inférieur
du lit.

85 — Lambrequin en ancienne tapisserie à sujet de naïades et tritons en camaïeu jaune.

86 — Deux paires de Rideaux de fenêtres en ancienne brocatelle, à larges ornements en rouge sur fond clair.

87 — Portière en ancienne broderie au point de Hongrie en soies de couleurs avec armoiries au centre.

88 — Grande Portière en tapisserie, à larges ramages et animaux en couleurs sur fond vert.

89 — Lambrequin Louis XIII en tapisserie et broderies, divisé en cinq carrés séparés par des petites bandes à fleurs et arbustes en soie de couleur.

90 — Tenture murale en ancien damas rouge avec entourage formé d'un lambrequin. Ce lot sera divisé.

91 — Deux Portières en ancien damas rouge.

92 — Portière en ancienne brocatelle, composée de trois bandes, l'une à dessous vert, les deux autres à fond rouge, avec bandeau galonné de velours rouge et bordé d'une frange.

93 — Deux grands Rideaux de fenêtre en ancien damas vert avec lambrequin garni d'une large frange à grille et d'un effilé.

94 — Parement de cheminée en velours rouge galonné avec bandeau orné d'applications de broderie Louis XIII, à vases de fleurs, arbustes et branches courantes en soie de couleur.

95 — Tapis de table en ancien velours rouge orné d'applications et de broderies de soie de couleurs, à motifs d'entrelacs et feuillages dans un encadrement à rinceaux bordé d'une frange à grille en soie rouge.

96 — Deux Coussins en satin jaune appliqués de broderies anciennes à fleurs en soie de couleur.

Tapis de Smyrne

97 — Tapis de Smyrne à fond blanc, à décor de fleurs arabesques avec bordure fond bleu ornée d'arbustes en couleurs.

98 — Tapis de Smyrne à fond bleu et dessin en couleur, bordure à fond rouge.

Fusils de Chasse

—

99 — Fusil de chasse, de chez *Marquis*.

100 — Fusil de chasse à broche, canon *Bernard*.

❧❧❧

Tableaux et Dessins

—

101 — **École française** (xviiie siècle). Portrait du Régent en buste, tourné vers la gauche, regardant de face, coiffé de la longue perruque poudrée, vêtu d'un manteau mauve qu'il tient de la main droite ramenée sur la poitrine, col, jabot et manches de dentelle. Cadre ovale bois sculpté.

102 — **Charlet**. Soldats au cabaret. (Aquarelle.)

103 — **Delaroche** (Paul). Portrait de jeune Dame assise dans un fauteuil. (Dessin à la mine de plomb. Signé des initiales et daté 1832).

104 — **Duplessis-Bertaux**. Un Gentilhomme Louis XIII. (Dessin à la plume.)

105 — **Marilhat**. Paysage d'Orient. (Croquis à la plume.)

Gravures

106 — Deux Pièces en couleur, d'après Huet.

107 — Gravures anciennes : Portraits des Rois de France.

108 — L'Éducation d'un Prince. — Le Mariage espagnol. Eaux-fortes d'après Fortuny.

109 — Gravures diverses.

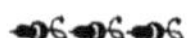

Livres

—

110 — Environ trois cents volumes reliés : **Viollet-le-
Duc.** Dictionnaire du Mobilier français; Diction-
naire de l'Architecture. — **Charles Blanc.** Gram-
maire des Arts du dessin. — **Sauvageot.** Palais,
Châteaux, Hôtels et Maisons de France. — **Jaque-
mart** et **Leblanc.** Histoire de la Porcelaine. — **Ch.
Yriarte.** Florence. — **Du Broc de Segange.**
Faïences et Faïenciers-Émailleurs de Nevers. —
Ch Blanc. Le Trésor de la curiosité. — **Lamartine.**
Les Girondins. — **Thiers.** Révolution française. —
Prudhomme. Révolution de Paris; Littérature et
Romans modernes. — Bibliothèque elzévirienne. —
Quelques livres anciens. — Manuscrit. 3 volumes. —
Recueil de Chansons avec musique. — Anciennes
coutumes du Nivernais. — Zélis au bain avec gra-
vures d'Eisen, etc., etc.

VENTE

Des Jeudi 4 et Vendredi 5 Juin 1891

A DEUX HEURES

HOTEL DROUOT, SALLE N° 2

SUPPLÉMENT

APPARTENANT A M. X...

111 — Meuble à deux corps Louis XIII, en noyer sculpté, à figures allégoriques, cariatides, mascarons et rinceaux. Il est surmonté d'un fronton dont la partie centrale forme niche ornée d'une statuette. L'intérieur garni de velours et d'étoffes anciennes.

112 — Grand Buffet de salle à manger de style Henri II, en noyer sculpté.

113 — Marbre blanc : Statuette de Diane chasseresse tirant de l'arc. Piédestal tournant sur fût de colonne.

114 — Marbre blanc : Statuette d'Enfant assis sur un coussin et tenant une brassée de fleurs, par MAILLI, 1868. Socle en velours rouge.

115 — Bas-Relief en terre cuite, style du xve siècle :
La Mise au Tombeau, appliqué sur fond en plâtre.

116 — Groupe en bronze à patine brune : Faune,
Nymphe et Enfant, d'après CLODION.

117 — Coupe de surtout en bronze et cuivre doré, sup-
porté par deux chevaux ailés.

118 — Buste d'Homme, en bronze, sur socle en marbre.

119 — Cheval en bronze, de BARYE, patine verte.

120 — Grand Olifant en ivoire sculpté, à figures dans
un bandeau en spirale.

121 — Vase forme gourde en porcelaine haricot rouge
de Chine.

122 — Baril en ancien grès de Flandre, orné de plusieurs zones de rosaces en relief sur fond bleu et
brun.

123 — Trois Cruchons en grès flamand à figures et
ornements.

124 — Cruche en terre d'Avignon émaillée, fond brun
à ornements en relief.

125 — Vase en poterie anglaise et Cafetière en imitation
de Delft.

126 — Flambeau de style gothique à deux lumières
supportées par une figurine debout sur un trépied.

127 — Aiguière de style gothique en cuivre, dont la
partie supérieure est formée d'une tête d'homme.

128 — Petite Gaine en cuir gaufré et ciselé du XVIe siècle.

129-150 — Collection d'Armes européennes et orien-
tales, comprenant : deux Épées, deux Rapières, trois
Dagues main gauche, un Cabanet, un Morion, un
Fusil Louis XIV, deux Pistolets d'arçons, quatre
Épées de ville, quatre Fusils orientaux, une Esco-
pette, cinq Yatagans à poignées en ivoire, trois Pistolets turcs, deux Sabres persans, deux Poignards,
huit pièces : Haches d'armes et Casse-Têtes ; une
Armure persane, comprenant : Casque, Brassard,
Cuirasse et Randache ; deux Éperons, une Poire à
poudre, un Couteau de chasse.

151 — **Innocenti.** Chanson à boire.

152 — **Innocenti.** Reîtres au cabaret.

153 — **Leteurtre.** En rade de Bordeaux. (Aquarelle.)

154 — **Leteurtre.** A Palaiseau. (Aquarelle.)

155 — **Leteurtre.** L'Église Saint-Étienne-du-Mont. (Aquarelle.)

156. — **Leteurtre.** Vue de Gien (Loiret). (Aquarelle.)

157 — **Van Vitelli.** Vue du Colisée à Rome. — Vue de Saint-Pierre à Rome.

158 — **X...** Femme en buste.

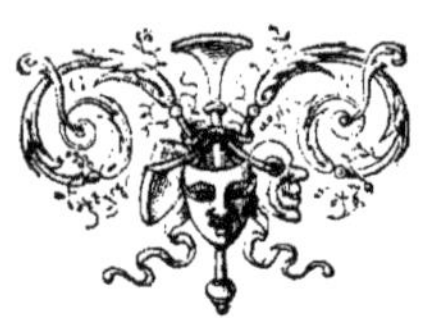

A. Mauloe et Cie, imprimeurs de la Compagnie des Commissaires-Priseurs, rue de Rivoli, 144.   300—15216